Al abrigo y la luz del Haiku

un camino hacia la conexión

繋がり

In the shelter and light of haiku

A path to connection

Al abrigo y la luz del Haiku, un camino hacia la conexión

Paula Mendoza Laura

María Jesús Moreno Losa

Teresa Moreno García

Ana Rozen

Año: 2024

Compilación y coordinación: Raquel Molina Flores

Diseño e ilustración de portada: Teresa Moreno García

Diseño y diagramación: María Jesús Moreno Losa

Al cuidado al español: Vilma Becerra Gómez

Traducción y al cuidado al inglés: Vilma Becerra Gómez

Depósito Legal: **ISBN:** 9798879945355 **Sello:** Independently published

Copyright ©2024 María Jesús Moreno Losa

Todos los derechos reservados.

Al abrigo y la luz del Haiku

In the shelter and light of haiku

Un camino hacia la conexión

A path to connection

Paula Mendoza Laura

María Jesús Moreno Losa

Teresa Moreno García

Ana Rozen

INDICE

Agradecimientos..7
Prólogo..19
Paula Mendoza Laura.......................................39
   Mirar desde el alma..................................39
      Haiku.. 47
      Hokku.. 63
      Senryu..69
María Jesús Moreno Losa................................. 73
   La percepción en lo sutil del instante............. 73
      Haiku.. 77
      Hokku.. 91
      Senryu..97
Teresa Moreno García......................................103
   El Goce del Ser....................................... 103
      Haiku..111
      Hokku.. 127
      Senryu.. 135
Ana Rozen..141
   Palpar lo sublime en la brevedad del tiempo..... 141
      Haiku.. 145
      Hokku.. 159
      Senryu.. 165
Glosario..169
Sobre las autoras..173

Agradecimientos

María Jesús Moreno Losa

Agradezco a Raquel Molina por su entrega, dedicación y confianza.

A mis compañeras autoras de este libro, Teresa Moreno, Ana Rozen y Paula Mendoza.

A mi familia por su comprensión y paciencia.

A todas las personas que lean este libro y a través de los versos lleguen a la esencia del ser.

Teresa Moreno García

Agradezco a Raquel Molina, por enseñarme a develar mi ser a través de la escritura.

A María Jesús Moreno, Ana Rozen y Paula Mendoza, compañeras en la creación de este libro.

A mis hijos Franklin Ricardo y Franget Elena por apoyarme en mis sueños.

Gracias infinitas a todos aquellos que me inspiran una mirada contemplativa, hoy los veo con los ojos del amor.

Ana Rozen

Doy Gracias a Dios por la oportunidad de hacer este libro.

A mi esposo Richard Rozen por ser mi apoyo constante.

A mis queridas compañeras Teresa Moreno, María Jesús Moreno y Paula Mendoza.

A mi maestra Raquel Molina por su guía y amor infinito.

Y a ti, que nos estás leyendo en este momento.

Paula Mendoza Laura

Agradezco a Dios, por iluminar mi camino lleno de bendiciones.

A mis padres Anselmo y Carmen por darme la vida terrenal y su amor infinito.

A mi esposo Rolando por su paciencia y comprensión.

A mi hija Paula por ser espejo en el camino del aprendizaje de amarse y ser madre.

A mi maestra Raquel que a través del Haiku transformó mi vida sintiendo y contemplando a mi ser para fluir desde la belleza de la naturaleza.

A mis amigas María Jesús, Ana y Teresa que son Ángeles puestos en mi camino por la divinidad.

Y a ustedes que nos regalan su tiempo leyendo nuestro aprendizaje de vida a través del Haiku.

La poesía es la imagen del ser humano y de la naturaleza.

William Wordsworth

Quietud: los cantos de las cigarras penetran las rocas.

Matsuo Basho

Mirar, admirar las hojas verdes, hojas nacientes entre la luz solar.

Matsuo Basho

Muchos escriben versos pero pocos se atienen a las reglas del corazón.

Matsuo Basho

Poetry is the image of the human being and nature.

William Wordsworth

Stillness: the songs of cicadas penetrate the rocks.

Matsuo Basho

To look, admire the green leaves, nascent leaves among the sunlight.

Matsuo Basho

Many write verses but few abide by the rules of the heart.

Matsuo Basho

Prólogo

Al abrigo y la luz del haiku

> Vivir poéticamente es vivir desde la atención:
> constituirse en un sólido bloque sensorial, psíquico
> y espiritual de atención ante toda la dinámica
> existencial de la propia vida, ante la expresividad
> del mundo (...)
>
> **Armando Rojas Guardia**

¿Qué otro título podía abarcar el fruto de lo que aquí se dio, si no "Al abrigo y la luz del Haiku"? De esta luz de escritura del haiku, han surgido estos sencillos y hermosos poemas que leerán y disfrutarán a continuación. Deseo destacar el hecho inefable de la vinculación experimentada por parte de las participantes frente a la experiencia de la contemplación de la naturaleza, la entrega, el deseo de expandir los sentidos y la conexión consigo mismas.

Este camino iniciado por Paula Mendoza, María Jesús Moreno, Teresa Moreno y Ana Rozen, se caracterizó por un avanzar más profundo en la contemplación de la naturaleza, pero al mismo tiempo, por darse la libertad de ser plenamente, por ello lograron apresar ese instante como una suerte de iluminación donde fue imprescindible la apertura sensorial y la entrega.

Es necesario destacar el sostén espiritual que contiene la escritura del haiku. La literatura japonesa alberga una estrecha relación con el budismo Zen, para ellos la escritura de la poesía, es un camino para lograr el estado de conciencia, esto requiere de la meditación y la libertad de ser. Todo esto preexiste más allá de lo racional, de lo intelectual, de lo académico, llevándonos a caminos más profundos de conexión, de espiritualidad. Frente a esta experiencia de profundización inmaterial, podemos darnos cuenta del insondable vínculo que se establece entre quién contempla, la naturaleza y la plenitud.

Este transitar constructivo del taller, condujo a retomar con una nueva mirada, el libro del Tao Te King de Lao Tse, pues su lectura nos ofrece una forma más auténtica de abordar la realidad, de comprender la conexión y profundidad espiritual del proceso creativo del haiku.

Esta nueva forma de mirar nos lleva a reflexionar sobre lo sorprendentemente desconectados que estamos de nuestra esencia, a estimar la conciencia del silencio íntimo, a apreciar de una forma genuina la presencia absoluta y necesaria del instante, de sentir vivamente la fuerza e importancia de la humildad, comprender profundamente acerca de la aceptación y mirar de otra manera, esa lucha interna que sostenemos silenciosa o estrepitosamente con nosotros.

Este taller ya planteaba antes de su inicio, un desafío: una de las participantes deseaba realizar el taller, pero un imprevisto físico, aún desconocido, (se le atribuye posiblemente al estrés), la dejó con la visibilidad de un ojo nula y el otro ojo comprometido y sensible, por lo que debía mantener sus ojos por un largo tiempo en absoluto reposo y esperar a ver cómo evolucionaba para que pudiera recuperar nuevamente la total visibilidad.

En ese momento surgían dos interrogantes ¿cómo ella podría hacer el taller, si la elaboración del haiku, se centra en la contemplación primero y la escritura después? ¿Cómo podría yo llevar el taller con alguien que en ese momento no podía valerse de su vista? Me dije: seguro hay un camino; y lo hubo.

De manera que frente a este desafío, reelaboré una nueva estructura donde podrían mirar con los oídos, mirar con el gusto, mirar con el olfato y mirar con el tacto. Pero el mayor desafío lo enfrentaba ella, pues después de las dinámicas, ella debía construir, retener y detallar mentalmente aquello que había captado como el destello de lo percibido, hacer los ajustes, quitar, poner para construir mentalmente su posible haiku, y cuando le venían las palabras, debía retenerlas, pasarlas mentalmente a la estructura del haiku, y que ellas capturaran el latido de su asombro.

Así paso a paso, la vista ya no representaba una limitación, sino una posibilidad, otra manera de mirar, de percibir, una puerta abierta a penetrar en una profunda comunión con el presente. He aquí la fuerza de la meditación y de la libertad de ser. Los pensamientos de la inquieta mente dejan de ser prioridad, emergiendo en todo su esplendor la expresión de la maravillosa esencia que habita en cada uno de nosotros.

La contemplación

de mares y montañas

silencian la voz

Paula Mendoza

Ese apreciado momento donde quién contempla comienza a hacerse uno con la naturaleza para sumergirse en el asombro que ella le produce, ese instante de centelleo, de perplejidad ante lo mirado, en ese relámpago de tiempo experimentado, el ego ha sido desplazado.

En el murmullo

de todos los árboles

hay un gran poder

Ana Rozen

En ese espacio de tiempo permites ver la verdad de lo que eres, es un momento de paz, de libertad, de disfrute, es conexión total. Allí no hay interpretación, ni juicios, sólo es el reflejo de ambas sustancias reconociéndose.

Julio amarillo

girasoles de luces

se tuestan al sol

María Jesús Moreno

Es el momento de sentirse parte de un todo mayor que sí mismo, dando paso a que la verdadera esencia se manifieste, en ese momento no hay diferencia, no surge la necesidad de diferenciar el "yo" de lo "otro", no se siente la necesidad de protagonizar.

El Araguaney

cobijo de verano

destello de sol

Teresa Moreno

Notas sobre el Haiku

Las expresiones de la forma poética del haiku son momentáneos fulgores de lucidez, visiones súbitas del poeta manifestando una efímera fascinación contemplativa de la naturaleza y la vida. El haiku nos muestra un diminuto detalle por lo general inusual, esta breve elaboración poética, representa un sentimiento mucho más intenso, es un reflejo de lo grande. Su apariencia breve, sencilla y espontánea, esconde una intensidad sorprendente. Lo importante no es el yo/ego que desea protagonizar, que desea hacerse presente, que opina, que argumenta, sino la esencia que vibra y se conjuga en comunión con el todo.

La escritura del haiku requiere de la persona participante, su atención total, su entrega, la apertura de sus sentidos, aun cuando en un primer momento, pareciera que el sentido que predomina es el de la vista. El haiku capta en tan solo tres versos las imágenes de la naturaleza, al mismo tiempo, aprehende todo aquello que ha sido objeto del asombro y conmoción interior de quien mira.

Lirio púrpura,

te miro y crece en mí

este poema.

Matsuo Basho

Van a encontrar en estas páginas otras formas poéticas japonesas que comparten la misma estructura silábica, pero cuya naturaleza es diferente, quizás la más cercana al haiku clásico por su conexión con la naturaleza sea el Hokku, pero también encontrarán otra forma poética que comparte la misma medida métrica pero no la esencia del haiku, esta estructura es el Senryu.

Fue necesario experimentar su creación para establecer las diferencias con el Haiku, pues estas tres formas poéticas Haiku, Hokku y Senryu, aún compartiendo la misma estructura silábica de 5/7/5, difieren en su naturaleza y abordaje. El Hokku se diferencia del haiku porque hace uso de recursos literarios como la metáfora, el símil en tanto que el haiku prescinde de estos recursos. Destaco el caso específico del senryu, debido a que en esta forma poética la naturaleza deja de ser el motivo contemplativo y el hombre pasa a ser protagonista del poema; en ocasiones, esta forma poética puede estar formada por cuatro versos.

Mañana de otoño

Me miro en el espejo

y veo a mi padre

Kijo Murakami

Nuevamente, celebro el compromiso de Teresa Moreno, María Jesús Moreno, Paula Mendoza y Ana Rozen, celebro la entrega, la disposición de total apertura, la sencillez, el entusiasmo, la solidaridad, humildad y definitivamente celebro sus frutos.

He aquí pues, el resultado de la voluntad espiritual de cada una de ellas por estar atentas al mundo que les rodea, viviendo poéticamente desde el ser.

Raquel Molina Flores

@puntoyseguidorm

Foreword

In the shelter and light of haiku

To live poetically is to live from the attention, to constitute oneself in a single sensorial block, psyquic and spiritual of attention before all the existential dynamic of one's own life, before the expressiveness of the world.

Armando Rojas Guardia

What other title could embrace the fruit of what was given here but " In the shelter and light of haiku" ? From this writing light of haiku have emerged these simple and beautiful poems that you will read and enjoy next. I wish to highlight the ineffable fact of the bonding experienced by the participants before the experience of nature contemplation, the dedication, the desire to expand the senses and the connection with themselves.

This path started by Paula Mendoza, Maria Jesús Moreno, Teresa Moreno y Ana Rozen was characterized by a deeper advance In the contemplation of nature, but at the same time, for giving oneself the freedom of being fully, that is why they managed to capture that moment as a kind of illumination where it was essential sensory opening and dedication.

It is necessary to highlight the spiritual support that haiku writing contains. The japanese literature has a close relationship with Zen Buddhism; for them poetry writing is a way to achieve the state of consciousness, this requires of meditation and the freedom of being. All of this preexists beyond the rational, the intelectual, the academic, leading us to deeper paths of conncction, of spirituality. In the face of this experience of immaterial deepening, we can realize the unfathomable link that is established between that who contemplates, nature and plenitude.

This constructive transit of the workshop, led us to return with a new look to the book of Tao Te King by Lao Tse, because its reading offer us a more authentic way to approach reality, to understand the connection and spiritual depth of haiku creative process. This new way of looking lead us to reflect on how surprisingly disconnected we are from our essence, to esteem the awareness of intimate silence, to appreciate genuinely the absolute and necessary presence of the moment, to feel vividly the strenght and importance of humility, to understand deeply about acceptance and to look in another way , that internal struggle that we hold silently or resoundingly with us.

This workshop already posed a challenge before its start. One of the participants wished to do the workshop but an unexpected physical event still unknown (it is possibly attributed to stress) left her with zero visibility in one eye and the other eye implicated and sensitive, so she had to keep her eyes in absolute rest for a long time and wait to see how it evolved ,so she could regain full visibility again.

At that moment two questions arose: How could she do the workshop if the elaboration of haiku focuses on contemplation first and the writing after ? How could I lead the workshop with someone who at that moment was not able to use her sight? I told myself: Surely, there is a way, and there was.

So faced with this challenge, I reworked a new structure where they could look with their ears, look with their taste, look with their smell and look with their touch. But the biggest challenge was faced by her, because after the dynamics, she had to construct, retain and mentally detail what she had captured as the flash of the perceived, make adjustments, remove, put to mentally construct her possible haiku, and when the words came to her, she had to retain them, mentally pass them to the structure of the haiku, and let them capture the heartbeat of her amazement.

Thus, step by step, sight no longer represented a limitation but a possibility, another way of looking, of perceiving, an open door to enter into a deep communion with the present. Here is the strenght of meditation and the freedom of being. The thoughts of the restless mind cease to be a priority, emerging in all its splendor, the expression of the marvellous essence that lives in each of us.

> The contemplation
>
> of seas and mountains,
>
> silence the voice

Paula Mendoza

That appreciated moment where the contemplator begins to become one with nature in order to inmerse oneself in the amazement that it produces in one, that moment of twinkling, of perplexity at what was looked, in that experienced lightning of time, the ego has been displaced.

> In the whisper
>
> of all the trees
>
> there is a great power

Ana Rozen

In that space of time you allow to see the truth of what you are, it is a moment of peace, of freedom, of enjoyment, it is full connection. There is neither interpretation nor judgements, it is only the reflection of both substances recognizing each other.

Yellow july

sunflowers of lights

tan themselves in the sun

María Jesús Moreno

It is time to feel oneself part of a whole greater than oneself, giving way for the true essence to manifest itself, at that moment, there is no difference, it does not arise the need to differentiate the "self" from the "other", one does not feel the need to star.

The Araguaney

shelter of summer

sun flash

Teresa Moreno

Notes on haiku:

The expressions of the poetic form of haiku are momentary glints of lucidity, sudden visions of the poet expressing an ephemeral contemplative fascination with nature and life. Haiku shows us a tiny detail that is in general unusual, this brief poetic elaboration represents a much more intense feeling, it is a reflection of the great. Its simple, brief and spontaneous appearance hides a surprising intensity. The important thing is not the self/ego that wishes to star, that wishes to be present, that gives its opinion, that argues, but the essence that vibrates and it is combined in communion with everything.

Haiku writing requires of the participant person of his/her full attention, his/her dedication, the opening of his/her senses, even when at first it seems that the predominant sense is that of sight. Haiku captures in just three verses the images of nature, at the same time, it apprehends everything that has been the object of wonder and inner commotion of that who looks.

Purple lily

I look at you and it grows in me

this poem

Matsuo Basho

You are going to find in these pages other japanese poetic forms that share the same syllabic structure but whose nature is different, perhaps the closest due to the connection with nature is hokku, but you will also find another poetic form that shares the same metric measurement but not haiku essence , this structure is senryu.

It was necessary to experience their creation in order to establish the differences with haiku because these three poetic forma haiku, hokku and senryu even sharing the same syllabic structure of 5/7/5, they differ in their nature and approach. Hokku differs from haiku because it uses literary resources like the metaphor, the simile, while haiku goes without these resources. I highlight the specific case of senryu because in this poetic form nature ceases to be the contemplative motive and man becomes the protagonist of the poem; sometimes, this poetic form can be formed by four verses.

Autumm morning

I look at myself in the mirror

and I see my father

Kijo Murakami

Once again I celebrate the commitment of Teresa Moreno, Maria Jesús Moreno, Paula Mendoza and Ana Rozen. I celebrate the dedication, the disposition of total opening, the simplicity, the enthusiasm, the solidarity, the humility, and definitely I celebrate their fruits.

Here, then, is the result of the spiritual will of each one of them for being attentive to the world that surrounds them, living poetically from the being.

Raquel Molina Flores

@puntoyseguidorm

Mirar desde el alma

Paula Mendoza Laura

> *Es mejor, lo recomiendo:*
>
> *Alejarse un tiempo del bullicio y conocer las*
>
> *montañas ignoradas.*
>
> **Javier Heraud**

El aprendizaje alcanzado con la escritura del *haiku*, nos ha hecho darnos cuenta de lo significativo que es percibir la manifestación de la naturaleza, experimentar atentamente su contemplación como parte integrante de esa totalidad. Somos capaces de observar la naturaleza en todo su esplendor, en toda su plenitud, haciendo de nuestra vida un danzar de emociones, sentimientos, de belleza pura, de conexión… en algún momento nuestras almas vuelven a vibrar en ese sentir que se conecta con la belleza, que representa el todo.

Este camino ha sido también un transitar espiritual que me ha dado luz: he recordado que cuando era niña disfrutaba del asombro hacia la naturaleza; esto también lo viví en otro momento de mi vida, cuando miré y contemplé por primera vez el rostro de mi hija, fueron momentos de plenitud. Transitar el proceso de la escritura del haiku me ha devuelto al momento de reveladora contemplación.

Cuando sentí el recogimiento por primera vez en la escritura del haiku, pude experimentar nuevamente y entender en ese instante de contemplación, lo que había vivido en el pasado a través de otro tipo de sabiduría, comprender lo que significa verdaderamente ser consciente del momento presente, así pude advertir entonces lo que había vivido, pues, una cosa es conocer, informarnos a través de lecturas o conferencias, y otra muy diferente, es sentir y experimentarlo en nuestra piel. Apreciar que el significado de la palabra tenga esa fuerza divina que nos conecta, y haber tenido la posibilidad de vivirlo en nosotros, sintiendo que somos una unidad indivisible con el todo que nos rodea, es una experiencia que me ha llevado a reconocer la belleza del alma.

En esta experiencia de escritura, también debo agradecer a mis ojos la pausa obligada, pues ello me permitió mirar de otra manera, a través del tacto, del oído y del gusto, pues me brindaron posibilidades que antes eran ignoradas por mí, como escucharme en el silencio, la espera, el momento de la paciencia, la quietud, llevándome a descubrir el potencial perceptivo y creativo que somos.

To look from the soul

Paula Mendoza Laura

> *It is better, I recommend it,*
>
> *to get away for a while from*
>
> *the hustle and bustle and to*
>
> *know the ignored mountains*

Javier Heraud

The learning achieved through haiku writing has made us realize how significant it is to perceive the manifestation of nature, to experience attentivily its contemplation as an integral part of that whole. We are able to observe nature in all its splendor, in all its plenitude, making of our lives a dance of emotions, feelings of pure beauty, of connection... At some point our souls vibrate again in that feeling that connects with beauty which represents the whole.

This path has also been a spiritual journey that has given me light: I have remembered that when I was a child I enjoyed the amazement towards nature, this I also lived it at another time of my life when I looked and contemplated for the first time my daughter's face, they were moments of plenitude. Going through haiku writing process has returned me to the moment of revealing contemplation.

When I felt the devotion in haiku writing for the first time, I was able to experience again and understand in that moment of contemplation, what I had lived in the past through another type of wisdom, to grasp what it truly means to be aware of the present moment, so I was able to notice then what I had lived, because it is one thing to know, to inform ourselves through readings and conferences and a very different one it is to feel and experience it on our skin. Appreciating that the meaning of the word has that divine force that connects us and having had the possibility of living it in ourselves, feeling that we are an indivisible unit with the whole that surrounds us, it is an experience that has led me to recognize the beauty of soul.

In this writing experience I must also thank my eyes for the obligatory pause since it allowed me to contemplate in another way through touch, hearing and taste, because they offered me possibilities that were previously ignored by me such as listening to myself in the silence, waiting, the moment of patience, stillness, leading me to discover the perceptive and creative potential that we are.

PAULA MENDOZA LAURA

繋がり

Haiku

Narcisos florean
danzando con el viento
revelan vida

La contemplación

de mares y montañas

silencian la voz

The contemplation

of seas and mountains

it silences the voice

Caracolito

decidido a caminar

por verdes ramas

Little snail

determined to walk

through green branches.

Agua y fuerza

te muestra la cascada

ruidosamente

Water and strenght

shows you the waterfall

noisily

Ruta de árboles

verde esplendor encuentra

vientre de la tierra

Route of trees

green splendor finds

belly of the earth

Resplandeciente

follaje del castaño

silva y tiembla

Resplendent

chestnut foliage

whistles and trembles

Águilas chicas

de vuelo temeroso

buscando comer

The small eagles

of fearful flight

searching for food

Acompañadas

con su vuelo circular

planeándose

Accompanied

with their circular flight

glidding themselves

De los colores

de infinitos azules

revientan olas

From the colors

of infinite blues

waves burst

Rayos sonoros

estremecen mi alma

con tu luz al caer

Sonorous rays

they shake my soul

with your light when falling

Piedra angulosa

con olor a los molles*

de las montañas

Angular stone

with smell of the molles

from the mountains

Muestra cicatriz

al rodar por el río

de caudal fuerte

It shows scar

when rolling down the river

of strong flow

Piedra pequeña

nos fortalece el alma

tu recorrido

Small stone

strenghten us the soul

your journey

Viento tranquilo

entre montañas verdes

en las praderas

The calm wind

between green mountains

in the grasslands

Mariposa vuela

vuela alto por bosque y

montañas verdes

The butterfly flies

flies high through the forest

and green mountains

Pájaros cantan

posan en armonía

en los árboles

The birds sing

perched in harmony

in the tres

Narcisos florean

danzando con el viento

revelan vida

The daffodils bloom

dancing with the wind

they reveal life

Aves volando

sobre el ocaso del sol,

pura belleza

Birds flying

over the setting of the sun,

pure beauty

Caracolito
decidido a caminar
por verdes ramas

Paulo

Hokku

Águila eres

naturaleza viva

llena de amor

Eagle you are

living nature

full of love

Gotas traviesas

derramadas fluyeron

del universo

Naughty drops

poured out flowed

from the universe

Orilla de mar

toda su gran suavidad

dulce y plena

Sea shore

all its great softness

sweet and complete

Sol generoso

con resplandores de oro

de brillo eterno

Generous sun

with golden glow

of eternal brilliance

Colores varios

amarillos intensos

me dan esplendor

Various colors

intense yellows

give me splendor

Frutos sabrosos

de verano contemplan

siembras y sueños

The tasty fruits

of summer contemplate

sowing and dreams

Mar infinito

que guarda los secretos

del universo

Infinite sea

that harbors secrets

of the universe

Senryu

De las melodías

sonoras con el viento

cantan la vida

From the melodies

sonorous with the wind

they sing life

Sonidos suaves

celestial y de amor

fluyen del alma

Soft sounds

heavenly and of love

flow from the soul

Amigo sigues

enseñándome a vivir

con armonía

Friend you continue

teaching me to live

with harmony

Las pinceladas

por el camino a vivir

muestran tu vida

The brushstrokes

on the way to live

they show your life

La percepción en lo sutil del instante

María Jesús Moreno Losa

El mundo está lleno de cosas mágicas, esperando pacientemente a que nuestros sentidos se agudicen.

William Butler Yeats

La belleza de un haiku va más allá de un género poético, es reconocer la sutileza del instante y la esencia de lo observado.

Mi experiencia en la creación del contenido de este libro ha representado un proceso donde he sido parte de la contemplación de lo que veo, he podido adorar, sorprenderme, vibrar con una puesta de sol reflejada en el mar, la apreciación exquisita de un grano de arena o una flor simétricamente perfecta.

La primera vez que escribí un haiku, me quedé observando la métrica breve y percibí que había un trasfondo profundo en su contenido, una condensación de emoción y sentimiento, simplemente me sentí parte de ese poema.

La escritura del Haiku surgió de un estado de contemplación y percepción único; de atención plena y consciencia de lo que estaba viendo. Pude conectar con mi esencia, con mi cuerpo y mente. Sentí, con asombro y admiración, que formaba parte de todo lo que observaba: los árboles, una planta, el sol…

La magia del Haiku me lleva a un constante viaje de crecimiento personal, complicidad y conexión con una espiritualidad más allá de lo visible, donde el ego no tiene cabida, simplemente es un acto de humildad y agradecimiento a la creación.

The Perception in the subtlety of the instant

María Jesús Moreno Losa

> *The world is full of*
>
> *magical things waiting*
>
> *patiently for our senses*
>
> *to sharpen.*
>
> **William Butler Yeats**

The beauty of a haiku goes beyond being a poetic genre but rather the recognition of the subtlety of the instant and the essence of what is observed.

My experience in the creation of the content of this book has represented a process where I have been part of the contemplation of what I have watched, in such a way that I have been able to adore, be amazed and vibrate with a sunset reflected in the sea, the exquisite appreciation of a grain of sand or a symmetrically perfect flower.

The first time I wrote a haiku I remained observing its brief metric and I perceived there was a deep background in its content and a condensation of emotion and feeling. Simply, I felt part of that poem.

The writing of that haiku emerged from an unique state of contemplation and perception, mindfullness and awareness of what I was watching. I was able to connect with my essence, body and mind. I felt with awe and admiration that I was part of everything I was observing: the trees, a plant, the sun...

The magic of haiku takes me on a journey of constant personal growth, complicity and connection with a spirituality beyond the visible where the ego has no place. Plainly, it is an act of humility and gratitude to creation.

MARIA JESUS MORENO LOSA

繋がり

Haiku

Vuelo natural
semillas en el aire
frágil suavidad

M Jesús

Copos de nieve

escarcha infinita,

estrellas de luz

Flakes of snow

infinite frost

luminous stars

Hoja caída

sostiene su viveza

mostrando su luz

Fallen leaf

holds its liveliness

spreading its light

Vuelo rápido

constante aleteo

trayecto fugaz

Fast flight

constant flutter

fleeting path

Ave pequeña

vuelo acompasado

bella libertad

Tiny bird

rhythmic flight

precious freedom

La golondrina

acelera su vuelo

sigue su compás

The swallow

speeds up its flight

follows its rythm

Fresco manantial

agua deslizándose

burbujas de miel

Fresh spring

water sliding

honey bubbles

Agua cristalina

llenando el espacio

de vida y luz

Crystalline water

filling the space

with life and light

Sonido de agua

cayendo como un río

en un bello cristal

Water's sound

falling like a river

in a lovely crystal

Espuma blanca

de olas rompiéndose

mar infinito

White foam

of breaking waves

infinite sea

Líneas azules

uniendo cielo y mar

bendecida paz

Blue lines

linking sky and sea

blessed peace

Colores de mar

inmensas dimensiones

pura eternidad

Sea colors

huge dimensions

pure eternity

Orillas de mar

acoges los vaivenes

del agua al llegar

Sea shores

welcome the fluctuations

of the water's arrival

Tepuy grandioso

rodeado de nubes

acoges mi luz

Grand tepuy

surrounded by clouds

you embrace my light

Frutos de la tierra

sabores exquisitos

variados colores

Fruits of the land

exquisite flavors

varied colors

Vuelo natural

semillas en el aire

frágil suavidad

Natural flight

seeds in the air

fragile softness

Julio amarillo

girasoles de luces

se tuestan al sol

Yellow july

sunflowers of lights

tan themselves in the sun

Las golondrinas
aceleran su vuelo
siguen su compás

M Jesús

Hokku

Espiga sutil

largo tallo danzando

cantares de amor

subtle wheat

long stems dancing

songs of love

Susurra el manantial

fluyendo agua bendita

me acaricia su frescor

The spring whispers

flowing blessed wáter

its freshness caresses me

Mares bendecidos

de agua divina

y danzas luminosas

Blessed seas

of divine water

and luminous dances

Inmensa cima

lugar de sabiduría

presencia de amor

Immense summit

site of wisdom

presence of love

Baile de color

girasoles de luces

se abren al sol

Color dance

sunflowers of light

they open to the sun

Aroma de sal

olas de manos blancas

caricias de mar

Salt scent

white hands waves

sea caresses

Verano de paz

murmullo de mar cálido

plena libertad

Summer of peace

murmur of warm sea

complete freedom

Cuna de nubes

bendecido lugar

abrazas mi ser

Cradle of clouds

blessed spot

you embrace my being

Senryu

Cesto de mimbre

bella creación

templanza y amor

Wicker basket

beautiful making

temperance and love

Danza celestial

conectando mi cuerpo

unión ancestral

Heavenly dance

connecting my body

ancestral union

Sutiles sonidos

llegando a mi alma

me hacen danzar

Subtle sounds

reaching my soul

make me dance

Sonrisa de amor

pose contemplativa

elegante señor

Smile of love

contemplative pose

elegant sir

Observo sus gestos

sabiduría de años

y paz infinita

I watch his gestures

wisdom of years

and infinite peace

Permanece sutil

su presencia es inmensa

me hace sonreir

He stays subtle

his presence is huge

it makes me smile

Sublime señor

entre nubes y bailes

pareces flotar

Sublime lord

among clouds and dances

you seem to float

El Goce del Ser

Teresa Moreno García

> *Andar con la mirada atenta,*
>
> *poseyendo la densidad del mundo,*
>
> *la intimidad del follaje.*
>
> **Elizabeth Schon**

La iniciación en la escritura del haiku, a mis 70 años, me sorprendió gratamente. Me enamoré de su simplicidad, de la brevedad en su composición, de la forma sencilla y a la vez especial de conectarnos con la naturaleza, de la manera de despertar mi mundo interior, adentrándome en el camino espiritual (tan anhelado en diversas etapas de la vida) maravillándome por mi existencia y la del otro, con respeto, humildad y asombro.

Todo comenzó con un ejercicio previo a la primera sesión del taller de Haiku y Haiga; el ejercicio consistía en recoger tres hojas del suelo, tres hojas diferentes, en los alrededores del lugar donde vivo. En ese momento las observé y decidí cuáles escoger entre muchas que conseguí a lo largo del camino; se trataba de ver, tocar, oler y sentir, para luego percibir las particularidades de cada una.

Contemplé detalladamente las formas irregulares de las hojas, sus colores, desde los verdes más oscuros hasta los otoñales; palpé su suavidad, frescura, rugosidad, rigidez, quiebres, arrugas, rompimientos. Percibí aromas a madera, pino, té verde, tierra húmeda, pasto fresco. Comprendí que aún recogiéndolas del suelo todavía latía vida en ellas, su alma permanecía en cada una, ellas me hablaron de mi esencia, de momentos y situaciones que están presentes en mi ser, en ese instante vislumbré que la naturaleza y yo somos una.

Mi vida desde hace años transcurre en diferentes espacios, en ciudades urbanizadas, en mi pueblo de montaña, y en un nuevo hogar en la isla de Margarita; ahora, después de muchos años sin contemplar y sentir la naturaleza de cada lugar que he habitado, a partir del proceso de creación de los haikus, abro mi corazón para conectarme con mi esencia, me detengo de tanta prisa, de vivir en automático, estímulo la capacidad de asombro (que se va perdiendo con los años).

Esta capacidad hace posible encuentros con situaciones u objetos que despiertan la mirada contemplativa, de instantes fugaces pero significativos que a veces pasan desapercibidos, ellos hablan para que sea el vehículo de expresión de esos momentos, lo que implica una toma de conciencia, para abrirme internamente y apreciar lo que existe dentro y fuera de mi, por ello reafirmo lo fascinante de la escritura de los haikus, porque son una manera de depurar la mente, expandir el corazón en conexión profunda con el universo.

Comparto momentos especiales con mi nieto, a la luz de la mirada atenta de un niño, cómo mirar la espuma del mar en su vaivén, el claro sonido de las olas del mar, el revoloteo de las gaviotas que sobrevuelan la Bahía, las piedras marinas expandiendo su luz, el canto agudo de las guacamayas, éstos son motivos suficientes para que aflore esa parte bonita, amorosa, sensible que hay en mí y en todos. Es experimentar que la escritura del haiku contribuye a acercarnos a ese camino anhelado de plenitud, brotando emociones donde prevalecen la armonía, la alegría y la gratitud.

The Joy of being

Teresa Moreno García

> *To Walk with attentive look*
>
> *possessing the density of the world*
>
> *the intimacy of the foliage.*
>
> **Elizabeth Schon**

Initiation into haiku writing at 70 years old, pleasantly surprised me. I fell in love with its simplicity, the brevity of its composition, the simple and at the same time, special way of connecting with nature, the way of awakening my inner world, entering on the spiritual path (so longed for in various stages of life) marveling at my existence and that of others, with respect, humility and wonder.

It all started with an exercise prior to the first session of the Haiku and Haiga workshop. The exercise consisted of collecting three leaves from the ground, three different leaves around the place where I live. At that moment I looked at them and decided which ones to choose from among many I found along the way.

It was about seeing, touching, smelling and feeling, and then perceiving the particularities of each one.

I contemplated in detail the irregular shapes of the leaves, their colors from the darkest green to the autumnal ones; I felt their softness, freshness, roughness, rigidity, cracks, wrinkles, ruptures. I perceived aromas of wood, pine, green tea, moist earth, fresh grass. I understood that even when I picked them up from the ground, life still beat in them, its soul remained in each one. They spoke to me about my essence, about moments and situations that are present in my being. At that moment I glimpsed that nature and I are one.

My life for years has passed in different spaces, in urbanized cities, in my mountain town and in a new home on Margarita Island; now, after many years without contemplating and feeling the nature of each place I have inhabited, from the Haikus creation process I have opened my heart to connect with my essence. I have stopped from so much haste, from living automatically, I have stimulated the capacity for wonder that is being lost over the years.

This capacity makes possible encounters with situations or objects that awaken the contemplative gaze, of fleeting but significant moments that sometimes go unnoticed. They speak so that I am the vehicle of expression of those moments, which implies a taking of consciousness to open myself internally and appreciate what exists inside and outside of me, that is why I reaffirm the fascinating nature of haikus writing, because they are a way to purify the mind and expand the heart in deep connection with the universe.

I share special moments with my grandson, in the light of the attentive gaze of a child like watching the sea foam in its coming and going, the clear sound of the sea waves, the fluttering of the seagulls flying over the bay, sea stones expanding their light , the high-pitched song of the macaws; these are sufficient reasons for that beautiful, loving part to emerge the sensitivity that there is in me and in everyone. It is experiencing that haiku writing contributes to bringing us closer to that desired path of plenitude, sprouting emotions where harmony, joy and gratitude prevail.

TERESA MORENO GARCIA

繋がり

Haiku

El araguaney
cobijo de verano
destello de sol
Teresa

El Araguaney*

cobijo de verano

destello de sol

The araguaney

summer shelter

sun flash

Las amapolas

resplandecen con el sol

fragancia sutil

The Poppies

they shine with the sun

subtle fragance

Brota manantial

murmullo de las rocas

fuente de vida

Spring gushes

murmur of the rocks

source of life

Tórtolas turcas

con ruidosos aleteos

cantan alegres

Turkish doves

with noisy flutters

they sing happily

Gotas de lluvia

alumbran los caminos

frescura y paz

Raindrops

light the roads

freshness and peace

Sonido de olas

naturaleza pura

arrullo del mar

Sound of waves

pure nature

lull of the sea

Piedras resbalan

en mares y montañas

huellas profundas

Stones slip

in seas and mountains

deep traces

Grietas muy hondas

adornan su corteza

piedras preciosas

Very deep cracks

they adorn its bark

gemstones

Piedras rugosas

áspera a las manos

mar de corales

Rough stones

coarse to hands

coral sea

Brota la piedra

embellece hogares

cesa su andar

The stone sprouts

it beautifies homes

it stops rolling

El sol naciente

de intenso resplandor

estela de luz

The rising sun

of intense radiance

trail of light

Amaneceres

brillo y colorido

sol espléndido

Sunrises

brightness and color

splendid sun

La puesta del sol

atardecer oscuro

quietud del alma

The sunset

dark evening

soul stillness

Los relámpagos

las luces en el cielo,

viene tempestad

The lightnings

Illuminations in the sky

storm comes

Diseminadas

las hojas reverdecen

vierten su olor

Scattered

the leaves turn green

pour their smell

Las hojas caídas

embriagan los caminos

con sus aromas

The fallen leaves

besot the roads

with their aromas

Las hojas vuelan

dispersas por caminos

aromas y texturas

The leaves flight

scattered along roads

scents and textures

Meseta grande

envuelta en cascadas

energía vital

Large plateau

wrapped in waterfalls

vital energy

Cimas del tepuy

cubiertas por las nubes

impenetrable

Tepuy summits

covered by clouds

impenetrable

Las amapolas
resplandecen con el sol
fragancia sutil
Teresa

Hokku

Los girasoles

arropados por el sol

danzan alegres

The sunflowers

covered by the sun

they dance merrily

Pequeña shi tzu

grandes copos de nieve

adornan su piel

Little Shi Tzu

big snowflakes

adorn her skin

El mar sereno

cobijo de pescadores

fuente de poetas

The serene sea

shelter of fishermen

source of poets

Aguas cristalinas

regalo de los dioses

espuma sensual

Crystalline waters

gift from the gods

sensual foam

Mares cercanos

inspiración de poetas

brotan palabras

Nearby seas

inspiration of poets

words sprout

Monte Roraima

su corazón palpita,

creación y vida

Mount Roraima

its heart beats

creation and life

En Venezuela

deslumbrante Salto Ángel,

maravilla del mundo

In Venezuela

dazzling Angel fall

wonder of the world

El Auyantepuy*

envuelto en misterios

emana energía

The Auyantepuy

shrouded in mysteries

emanates energy

Tepuy grandioso

morada de los dioses

antigua creación

Great tepuy

abode of the gods

ancient creation

La Gran Sabana

Venezuela la cobija

divina creación

The Great Savanna

Venezuela shelters it

divine creation

El viejo en paz

contempla el manantial

fuente de vida

The old man in peace

contemplates the spring

source of life

El inmenso mar

albergue del pescador

calma su alma

The inmense sea

lodge of the fisherman

it calms his soul

Senryu

Aromas esparcidos

en casas habitadas

despiertan mi niñez

Scattered aromas

in inhabited houses

awaken my childhood

Melodías olvidadas

cobijan mi ternura

florecen con pasión

Forgotten melodies

shelter my tenderness

they bloom with passion

Aromas de ensueños

ocultas en ventanas

de casas solitarias

bendecidas por el sol

Dreamy scents

hidden in windows

of lonely houses

blessed by the sun

Japón musical

sonidos armónicos

despiertan el ser

Musical Japan

harmonic sounds

awaken the being

Los elementos

conjugan los sabores

comidas buenas

The elements

combine the flavors

good meals

Palpar lo sublime en la brevedad del tiempo

Ana Rozen

Sólo vivimos para descubrir la belleza. El resto es sólo una forma de espera.

Gibran Jalil Gibran

Pienso en las memorias de los espacios que he recorrido, el tiempo, las creaciones, las formas, el diseño, no hay nada más hermoso que la naturaleza, sus múltiples tonalidades, las plantas, las flores, las hojas… ver sus cambios en las diferentes estaciones.

La experiencia de recoger tres hojas del suelo, quien diría que un simple ejercicio se convertiría en toda una búsqueda detallada, todo un reto, enfocando la mirada, observando detenidamente por donde caminaba hasta encontrar mis hojas, aquellas que me hablarían, porque si se está con la mirada y los sentidos atentos, siempre hay comunicación, pero lamentablemente, estamos tan distraídos que no escuchamos, no miramos cada hoja posada en el suelo mostrando su esencia.

Luego de encontrarlas; acariciarlas, tocarlas, sentirlas, olerlas, fue un momento revelador, como un despertar a la conciencia universal.

Entrar al mundo mágico de creación poética del haiku es un regalo de los cielos, es fascinante y profundo. Volver a reconectar con lo divino, olvidarnos de toda esta distracción que se ha convertido en estos últimos tiempos los teléfonos inteligentes, y con ellos las redes sociales, Tik toks, toda esta bulla que ha estado bombardeando mi cabeza para solo distraer mi enfoque en el aquí y el ahora. Volver a soñar, siendo libre en mi creatividad conectando con lo sublime de la naturaleza y conmigo. El haiku lo comparo con la inocencia de un niño, pleno de dulzura, pureza, sencillez y autenticidad.

Observar con mirada atenta las hojas de un árbol, el vuelo de una mariposa, ese cielo del atardecer lleno de colores, poder cerrar mis ojos para respirar y expresar lo que significa ese regalo en un precioso y breve poema escrito en Haiku, ha hecho que mi esencia se conecte con esos paisajes. Esta experiencia ha sido como una caricia a mi alma.

To feel the sublime in the brevity of time

Ana Rozen

> *We only live to discover beauty. The rest is just a form of waiting.*
>
> **Gibran Jalil Gibran**

I think about the memories of the spaces I have traveled, the time, the creations, the shapes, the design; there is nothing more beautiful than nature, its multiple tones, the plants, the flowers, the leaves... seeing their changes in the different seasons.

The experience of picking up three leaves from the ground, who would have thought that a simple exercise would become a detailed search, a challenge, focusing my gaze, carefully observing where I was walking until I found my leaves, those that would speak to me, because if one is with attentive gaze and senses there will always be communication but unfortunately we are so distracted that we do not listen, we do not see each leaf perched on rhe ground showing its essence. After finding them: I caressed them, touched them, felt them, smelled them; a revealing moment emerged like an awakening to the universal conscience.

Entering the magic world of Haiku poetic creation is a gift from heaven. It is fascinating and profound. It reconnects again with the divine, forgetting about all the distractions that smartphones have become in recent times, and with them, social networks, Tik Toks and all this noise that has been bombarding my head to only distract my focus on the here and now.

Dream again, being free in my creativity, connecting with the sublime of nature and with myself. I compare haiku to the innocence of a child, full of sweetness, purity, simplicity and authenticity.

Observing with an attentive gaze the leaves of a tree, the flight of a butterfly, the sunset sky full of colors, being able to close my eyes to breath and express what that gift means in a precious and brief poem written in haiku has made my essence to connect with those landscapes. This experience has been like a caress to my soul.

ANA ROZEN

繋がり

Haiku

Soplo ligero
alas en movimiento
las mariposas

Ana Rozen

En el murmullo

de todos los árboles

hay un gran poder

In the whisper

of all the trees

there is great power

Amanece luz

colores otoñales

sol que transmuta

Light dawns

autumm colors

sun that transmutes

Fuego vivo

rayos dorados del sol

creación pura

Live fire

golden sun rays

pure creation

Truenos cantan

centellas en magnitud

destellos de luz

Thunders sing

sparkles in magnitude

flashes of light

Mi cuerpo vibra

al escuchar los rayos

profundos caer

My body vibrates

when listening to the rays

deep falling

Mares y ríos

agua, vida, renacer

movimiento infinito

Seas and rivers

water, life, be reborn,

infinite movement

Soplo ligero

alas en movimiento,

las mariposas

Light breath

moving wings,

the butterflies

Fluyen las olas

contra corriente juegan,

vida en acción

The waves flow

against the current play,

life in action

Reflejo de luz

baño de luna fresca

mar reluciente

Light reflection

fresh moon bath

shimmering sea

Naturaleza,

ríos, tierra, aldea

hijos del tiempo

Nature

rivers, land, village

children of time.

Dulce despertar

mañana fresca

olor a tierra

Sweet awakening

cool morning

earthy smell

Bosque lluvioso

tierra virgen renace

de las montañas

Rainy forest

virgin land reborns

from the mountains

Escarabajo

dorado caparazón

brillando vuela

Beetle

golden shell

shining flies

Dulce cerezo

resplandeces los ojos

con tu pureza

Sweet cherry tree

you shine the eyes

with your purity

Flor de lavanda

envuelves con tu aroma

y armonía

Lavender flower

you surround with your scent

and harmony

Escarabajo
   dorado caparazón
  brillando vuela

　　　Ana Rozen

Hokku

Bella escarcha

copos de nieve bailan

brillando al Sol

Beautiful frost

flakes of snow dance

shining in the sun

Es el Girasol

sublime y radiante

sutil, bella flor

It is the sunflower

sublime and radiant

subtle, pretty flower

Sol que calienta

mis venas al amanecer

respiro tu luz

Sun that warms

my veins at dawn

I breath your light

Poder del cielo

tormenta eléctrica

veo tus venas

Power of heaven

electric storm

I see your veins

Agua bendita

manantial que transmuta

frescura viva

Blessed water

spring that transmutes

living freshness

Senryu

Soy armonía

vibra todo mi cuerpo

cubre mi alma

I am harmony

my whole body vibrates

it covers my soul

Gran madre tierra

india soy en mi hogar,

honro tu suelo

Great mother earth

I am indian in my home,

I honor your soil

Glosario

*Araguaney: Árbol Nacional de Venezuela, cuya floración es de abundantes flores amarillas en verano, en esa estación suelta todas las hojas y queda todo cubierto de flores. Suele medir 35 metros de altura. Crece en los llanos venezolanos.

*Auyantenpuy: Es un tepuy, (ver tepuy) considerado el más grande del mundo.

*Molles: Arbusto o árbol pequeño, originario de Sudamérica principalmente Perú. Soporta altas temperaturas y sequías. Sus flores son pequeñas y blancas. El fruto es una pequeña drupa roja.

*Tepuy: Meseta muy elevada que sobresale del resto del terreno, con pendiente vertical y cima totalmente plana.

Glossary

Araguaney: National tree of Venezuela whose flowering is of abundant yellow flowers in summer, in this season drops all the leaves and it is covered in flowers. It usually measures 35 meters high. It grows in the venezuelan plains.

Auyantepuy : It is a tepuy (see tepuy) considered the largest in the world.

Molles : Shrub or small tree native to South América, mainly Perú. It withstands high temperatures and droughts. Its flowers are small and white. Its fruit has a small red drupe.

Tepui : Very high plateau that protrudes from the rest of the terrain.

Sobre las autoras

Paula Mendoza Laura. Nació en Perú (Lima). Ingeniera en Minas. Magister en Minería y medioambiente. Magister en Administración y gestión social. Ha participado en talleres de escritura creativa y autoconocimiento.

María Jesús Moreno Losa. Nació en (Barcelona) España. Administrativa/Contable. Coaching Online pro y Practitioner en PNL. Amante de la poesía y la escritura como expresión del alma para su propia evolución. Ha participado en diversos talleres de escritura creativa y autoconocimiento, y talleres de expresividad literaria. IG *@tulipanesamarillosarte*

Teresa Moreno García. Nació en San Cristóbal, estado Táchira (Venezuela) Lic. en Educación, mención evaluación. Magister en Administración de recursos humanos, docente universitaria jubilada. Actualmente dedicada al arte, las manualidades y la escritura. Ha realizado diversos talleres de escritura creativa y talleres de expresividad literaria. IG *@teremoreno33*

Ana Rozen. Nació en San José, Costa Rica. Estudió y se desarrolló en la formación de Canto Lírico. Actualmente mentora en canto. Ha cantado en Europa y USA. Su primer disco "Metamorphosis" salió a la luz en el año (2014) Ha cantado en el Carnegie Hall de New York. Amante de las artes. Ha participado en los talleres de escritura creativa y autoconocimiento y talleres de expresividad literaria. IG *@ana.rozen.official*

About the authors

Paula Mendoza Laura. Born in Perú (Lima), mining engineer. Master in mining and environment. Master in administration and social management. She has participated in creative writing and self-awareness workshops.

María Jesús Moreno Losa. Born in (Barcelona) Spain. Administrative/ accountant. Online coaching pro and practitioner in NLP. Lover of poetry and writing as an expression of the soul for its own evolution. She has participated in various creative writing and self-knowledge workshops as well as literar expressiveness workshops, IG *@tulipanesamarillosarte*

Teresa Moreno García. Born in San Cristobal, Tachira state (Venezuela). Bachelor of Education, mention evaluation . Master in human resources administration , retired university lecturer. Currently dedicated to art, crafts and writing. She has held various creative writing workshops as well as literary expressiveness workshops. IG *@teremoreno33*

Ana Rozen. Born in San José, Costa Rica. She studied and developed in lyrical singing training. Currently singing mentor. She has sung in Europe and USA. Her first album " Metamorphosis" came out in 2.014. She has sung at New York's Carnegie Hall. Arts lover. She has participated in creative writing and self-knowledge workshops as well as literary expressiveness workshops. IG *@ana.rozen.official*

Al abrigo y la luz del Haiku

un camino hacia la conexión

繋がり

In the shelter and light of haiku

A path to connection

Made in the USA
Columbia, SC
16 May 2024